LE
CHANSONNIER
NIMOIS

Poésies Françaises et Patoises

PAR

CLAUDE DANIEL

Ouvrier Typographe

—

60 CENTIMES

—

NIMES
IMPRIMERIE ROGER ET LAPORTE
Place Saint-Paul, 5

1862

LE CHANSONNIER

NIMOIS

LE
CHANSONNIER
NIMOIS

Poésies Françaises et Patoises

PAR

CLAUDE DANIEL

Ouvrier Typographe

PRIX : 60 CENTIMES

NIMES
IMPRIMERIE ROGER ET LAPORTE
Place Saint-Paul, 5
—
1862

POÉSIES FRANÇAISES

KIÈS L'ESCLAVE

Romance

La musique de *Kiès* a été composée par M. Lavocat, sous-chef de musique au 41e de ligne.

—

Sans plus tarder, nombreux troupeaux d'esclaves,
Rallions-nous sous le poids de nos fers;
Avec ardeur secouons nos entraves,
Brisons le fouet qui déchire nos chairs.
Laissons tomber, de nos mains asservies,
Ces lourds outils, témoins de nos sueurs;
Faisons cesser les mille tyrannies....
Quittons, quittons nos cases de douleurs!

Toujours soumis aux caprices infâmes,
Livrés sans cesse à des hommes méchants,
Qui, non contents d'avoir vendu nos femmes,
Vendent encor, sans pitié, nos enfants !
Les voyez-vous rire de nos misères,
En immolant nos frères et nos sœurs ?
Ah ! ce sont eux les bourreaux de nos pères....
Que la sagaie arme nos bras vengeurs !

Si les tourments ont mûri la vengeance,
Pour l'assouvir déchaînons la fureur.
Oui ! combattons, punissons l'arrogance,
Tendons bien l'arc, et visons droit au cœur.
La Liberté, promenant sa bannière,
Partout, partout redresse son autel...
Libre ou mourir, voilà le cri de guerre :
Sur nos tyrans, lançons le dard mortel !

Quoique abrutis, aveuglés par les larmes,
D'être vainqueurs ayons tous bon espoir.
Que notre Dieu bénisse enfin nos armes ;
Puis, sans pardon, frappons avant ce soir.
Ah ! qu'en ce jour se dérivent nos chaînes ;
Sur les boërs vidons notre carquois.
Oui ! que le sang s'échappe de leurs veines...
Fils du malheur, armez-vous à ma voix !

MON DRAPEAU

Chant guerrier

La musique de *Mon Drapeau* a été composée par M. Lavocat, sous-chef de musique au 41ᵉ de ligne.

Je suis élu porte-drapeau :
A moi, le régiment confie
Ce sacré, ce noble fardeau,
L'honneur de ma belle patrie.
J'accepte ce titre nouveau,
Mais avec la ferme croyance
Que, si l'on insulte la France,
Soldats, vous suivrez mon drapeau !

1.

J'irai, sur le champ de l'honneur,
Déployer son étoffe chère,
Bravant dans ma guerrière ardeur
Les terribles foudres de guerre.
Mon cœur, jusque sous le créneau,
Priîra le dieu des batailles ;
Ma main, sur le front des murailles,
Ira planter mon vieux drapeau.

Si, par un superbe guerrier,
Je vois déchirer ma bannière,
Armé de mon mortel acier,
Je l'étendrai sur la poussière.
Jusques à son dernier lambeau,
Je lui serai toujours fidèle ;
Si la tombe en son sein m'appelle,
Soldats, défendez mon drapeau !

LE PARRICIDE

Romance

Air du Simoun

—

Depuis ce jour où le sang de mon père
Rougit le fer qui lui donna la mort,
J'entends gronder la divine colère,
J'ai dans le cœur un éternel remord,
Et sur mon front la tache criminelle.
Partout, toujours, un fantôme sanglant,
Un spectre affreux, un vieillard expirant,
Montre à mes yeux sa blessure mortelle.

Horreur!!... c'est dans le sang que j'ai trempé mes mains,
Je suis maudit par le Dieu des humains!

Au fond des bois, je rêve le suicide ;
Je cache au monde un bras lâche et cruel ;
Je vois toujours le poignard parricide
Plonger trois fois dans le flanc paternel.
Seul le trépas peut calmer ma souffrance ;
Mais, si je meurs, la justice du ciel,
En m'abreuvant de poison et de fiel,
Va me donner l'enfer pour récompense.

Horreur !!... c'est dans le sang que j'ai trempé mes mains,
Je suis maudit par le Dieu des humains !

Ah ! c'est en vain que mon âme coupable
Du Tout-Puissant implore le pardon ;
La soif de l'or m'a trop fait misérable,
Je n'appartiens désormais qu'au démon ;
Car j'ai frappé, dans ma terrible audace,
Un bon vieillard, un père aux cheveux blancs,
Qui me disait : Pitié pour mes vieux ans !
Sourd à ces cris, mon bras n'a point fait grâce.

Horreur !!... c'est dans le sang que j'ai trempé mes mains,
Je suis maudit par le Dieu des humains !

LA MORT

DU MÉCHANT

Cloué sur son lit de douleur,
Mille remords rongent son cœur.
Son âme par moments gémit et se déchire
Au trident de Satan qui se pâme de rire ;
Pour lui, dans un instant, la terre va s'ouvrir ;
Il voit déjà l'enfer tout prêt à l'engloutir ;
Un châtiment sans fin, des flammes éternelles,
Des légions de démons et des âmes rebelles
Pleurant de désespoir ; mais leurs pleurs impuissants
N'arrivent point aux cieux : Dieu punit les méchants.

Oh ! voyez donc comme il se tord
Sous les étreintes de la mort!
Un fléau dévorant le rive sur sa couche ;
De rage le poison sort à flots de sa bouche.
Il cherche des amis, hélas ! il n'en a pas ;
Il n'a plus que Satan, veillant à son trépas,
Contemplant sa victime et bondissant de joie
De tenir sous sa griffe une aussi belle proie,
Attendant que la mort, promenant son fanal,
Plonge le fourvoyant dans le gouffre infernal.

Il tremble enfin, son cœur frémit;
Il sait qu'il est cent fois maudit;
Que bientôt le Haut-Chef du ciel et de la terre,
Le Maître tout-puissant qui commande au tonnerre,
Va, du haut de son trône et le front courroucé,
Lui dire : Trop longtemps ta voix m'a méprisé ;
Aujourd'hui tes forfaits dont seul j'ai tenu compte
Vont servir, inhumain, à t'accabler de honte.
Tremble !... tremble !... pour toi, l'enfer et ses tourments.
Mortels ! voilà comment Dieu punit les méchants.

LE CHAR FUNÈBRE

Romance

Air : *Enfants, voici les bœufs qui passent*

Voyez-vous ce sombre équipage
Que suit un cortége à pas lent ?
C'est de la mort la triste image ;
Saluons-la le cœur tremblant,
Car elle nous garde une place
Dans le champ de l'égalité....

Mortels ! le char funèbre passe,
Songeons tous à l'éternité.

Hélas ! la vie est un passage
Que l'on franchit rapidement,
Aussi vite que le nuage
Qui fuit sous les ailes du vent.
Humains, sans mesurer l'espace,
Nous rêvons l'immortalité....

Mortels ! le char funèbre passe,
Songeons tous à l'éternité.

Riches puissants, rois de la terre,
Dans vos palais ruisselants d'or,
Elle y viendra dans son suaire,
En vous disant : Je suis la mort !
Dieu veut que le règne s'efface,
J'obéis à sa majesté....

Mortels ! le char funèbre passe,
Songeons tous à l'éternité.

A quoi servira la richesse
Que l'on étale avec orgueil,
Lorsqu'à chacun la mort ne laisse
Que chêne ou sapin pour cercueil ?
Riches, chauffez vos cœurs de glace
Au foyer de la charité....

Mortels ! le char funèbre passe,
Songeons tous à l'éternité.

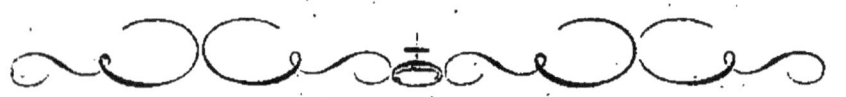

L'EAU

Chanson

Air : Que le bordeaux coule à plein verre

—

Seras-tu, Muse, assez puissante,
Sans chanter le vin ni l'amour ?
Bon ou mauvais, puisque tout chante,
Brave l'écueil, chante à ton tour.

Que si le vin rougit le verre,
Joyeux buveurs, c'est grâce à l'eau ;
C'est elle qu'en humectant la terre,
Qui suspend le fruit au rameau.

Ce vin que l'on boit à rasade
Charme par sa douce chaleur ;
Souvent la joyeuse ballade
Nous vante sa rouge couleur.

Mais si, etc.

Si Dieu bannissait de la terre
Cet élément si précieux,
Aurions-nous champagne, madère,
Et tous ces vins délicieux ?

Non, si, etc.

Si nous buvons à toute outrance
Le nectar d'un pays lointain,
Ou bien celui de notre France,
Rappellons-nous ce gai refrain :

Que si le vin rougit le verre,
Joyeux buveurs, c'est grâce à l'eau ;
C'est elle, en humectant la terre,
Qui suspend le fruit au rameau.

POÉSIES PATOISES

MOUN AZE GRIS

ou dé qués

L'AMOUR D'UN RACHO PUR SAN

Cansoun dédiado

A L'AMI JAOUSÉ LOU SIBLAÏRE

Er : J'ai deux grands bœufs dans mon étable

———

Aï din l'estable un beou bourisquo,
Un aze qué voou fosso argen.
Yé diriès pa : Ja cavalisquo !

Es d'un péou gris, fin et lusen.
Sis ieul bryoun maï que mi tacho;
De lon crin sa couito nouris :
Jamaï sés vis bestio de racho
Pu bello que moun aze gris.

 Sé me fouyé, péchaïre !
 Lou baya 'mb'un croumpaïre,
Oh ! crei-mé, sus paraoulo, ami, moun bon Jaousé,
 Crébariei lèou, sé vendiei moun grisé.

Chaquo matin, à ma lévado,
Me siblo un doux et gaï réfrin;
Mesclo sa jouyouso bramado
A la voix de Finaud, moun chin.
Din soun estable, que quan yentre,
Davan sa grupio faï mié tour;
Soun nas s'allongo, per me sentre,
Semblo qué dis : « Mestre, bonjour. »

Sé me, etc.

Que quan yé passé sus l'esquino
L'estréyo que yé sor loü pous,
Jamaï me mor ni me réguino,

A lou caratéro tro doux.
Réquioulo pa davan la bardo
Ni li banasto, millo-diou !
N'aï pa bésoun de prendre gardo
Quan méte moun quiou sus lou siou.

Sé me, etc.

Piei, quan parten à la journado,
De me pourta faï l'ourguyoux :
Touti li rascas di bourgado
Trasoun sus el un ieul jaloux.
Si cambo soun tan dégajado
Que filo soun noux d'un bon trin ;
Laïsso en arriès si camarado
Nifla li bouzo dou camin.

Sé me, etc.

Aï sus lou grès ben bonno plaço ;
Quan per roupia 'n pichò briou
A soun cousta yé foou ma jasso,
Soun moure caresso lou miou.
Et sé la calou me sufousquo,
D'ou tem quel rousigo lou ver,

Sa couito faï la guerro i mousquo
Et soun niflan me donno d'er.

Sé me, etc.

Per abréja sa bello histoiro,
Es fran et brave coum'un diou.
Es pas testar, a de mémoiro,
Coumpren lou ja, coumpren lou briou.
Souto lou faï jamaï se cocho ;
Sa que lou traval faï hounou :
De bon argen remplis ma pocho ;
Soui l'héroux di travayadou.

Sé me, etc.

Oï, podes creïre à ma paraoulo,
Lou vendraï pa, fé de Séban.
Non, tan qu'ouraï dessus ma taoulo
Un tou pichò crouchoun de pan.
Ah ! sé, per un béou jour de fieiro,
Vésiei de caraquo ché yiou,
Li mandarieï din la carrieiro
A cò de fourquo din lou quiou.

Sé me, etc.

Ah ! s'avan yiou fasié sa malo,
Yiou mêmo entérariei sis os ;
Embé ma trenquo, embé ma palo,
Din moun armas fariei soun cros.
Volé pa que serve de biasso
I croupatas de l'enviroun,
Et qu'un tambour rempli d'oudaço
Sus sa pel bate un rigoudoun.

 Sé me fouyé, péchaïre !
 Lou baya 'mb'un croumpaïre,
Oh ! crei-mé, sus paraoulo, ami, moun bon Jaousé,
 Crébariei léou, sé vendiei moun grisé.

LOU MAZÉ

Cansoun

Er : Conduis ta barque avec prudence

(Muette de Portici)

—

Li Nimois, aïman la garigo,
Aïman à couré li clapas ;
Sen héroux quan lou pé poussigo
La longo espigno dou bartas.

Que lou mous rage en aboundanço,
    Buguen d'un bon trin!
Daou, faguen vessa nostro panso.

Buguen d'un bon trïn !
Per que l'écho répéte lou refrin.

Aiman à countempla l'image
Que la naturo soulo à fa ;
Aïman lou ruste paysage
Ounté l'on ris en liberta.

Que, etc.

Sé lou traval nous ren esclavo,
Sé nou ten siei jour en prisoun,
Aïman, quan chaplan lis entravo,
A veire l'immanse hourizoun.

Que, etc.

Lou dimenche, quittan la villo,
Que fague caou, que fague fré;
Lou cur counten, l'àmo tranquillo,
De l'oustaou parten san regré.

Que, etc.

Souven, quan la saisoun es caoudo,
Saoutan d'ou yé de gran matin;

A la panlo clarta de l'aoubo,
Dou mazé prénen lou camin.

Que, etc.

Lou sà penja darriès l'esquino,
Quasi carga coumo de mioou,
Mountan, davalan li coulino....
Per lou mazé ren nous faï poou.

Que, etc.

Outour d'uno taoulo panardo,
Maï qu'un peissoun d'abriou sen gaï,
Vesén pa de mino fougniardo,
Aqui cantan se qué nou plaï.

Que, etc.

Sé gagnan lou titre d'ivrougno,
De manjairas, d'acabo-tou,
Q'acò nous fague pa vergougno....
Ventre roun faï pas dishounou.

Que, etc.

Sé la critiquo nous mespriso,

Din nostre champestre plaisi,
Lejiguen yé nostro déviso :
Ou cham sen libre et san souci.

Que, etc.

Salut, salut, terro bénido!
Salut, mazé, charmant séjour!
Toun vin nou faï chéri la vido,
Li Nimois t'aïmaran toujour.

Que lou mous rage en aboundanço,
    Buguen d'un bon trin !
Daou, faguen vessa nostro panso.
    Buguen d'un bon trin !
Per que l'écho répéte lou refrin.

COUNFESSIOUN

D'UN SUÇO-RAQUO

A SOUN AMI LOU LITRAS

Cansoun

Er : Du bonnet de grenadier

—

Sus la crousto de la terro,
Ya pas home san défaou;
Lou miou, lou duve à ma mèro....
Soui nascu din qu'un tinaou.

Ben jouine, aï pourta culoto,
De payo ou foun de mi boto.

 Et tant que viouraï,
  Béouraï et diraï :
Vivo lou jus de la souquo
Que moyo et gréso ma bouquo !
Vivo oussi lou cabaré,
Sa taoulo et soun tabouré !

Ya fosso gen que me disoun
Que de tro béoure faï maou ;
D'aquo li pouitroun se fisoun,
Oussi soun souven malaou.
Yiou, soui counten d'estre ivrougno....
Lou mot me faï pa vergougno.
 Car, etc.

Counouisse pa la misèro,
Tan que buve de bon vin.
La vigno es coumo uno mèro,
M'abéouro de soun tétin.

Soui fort counten de la vido,
La passe bello et poulido....

Car, etc.

Jamaï dou jus que m'embraïgo
Fane la roujo coulou ;
Jamaï lou nègue din l'aïgo,
Réfréje pa sa calou.
San fraoudo, amaï san prudenço
M'arose la counciènço....

Car, etc.

Aï per d'haou houïda ma panso,
Sus la calado aï tusta ;
Coumo une carto de Franço
Aï crioule de tou cousta.
Mais, din mi caoudo bugado,
Ma sé ses pas amoussado....

Car, etc.

Bacchus faï touto ma gloiro,
Es l'ami dou fran buvur.

Lou mous bénis la mémoiro
Dou diou chéri de moun cur..
Souven, ou for de ma joyo,
Embrasse soun buste en croyo....
Car, etc.

Quan séraï mor poudran dire
Qu'aï ména vido de gus ;
Qu'aï fa de bosso de rire
En festan lou diou Bacchus.
Jusqu'à moun houro darnieiro,
Séraï souto sa bannieiro....

Car tan que viouraï,
Béouraï et diraï :
Vivo lou jus de la souquo,
Que moyo et gréso ma bouquo !
Vivo oussi lou cabaré,
Sa taoulo et soun tabouré !

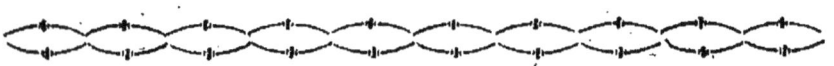

NINOUN

Cansoun

Er : Ah ! vénès veïre ma marmoto

—

Voudriei que toun régar, Ninoun,
S'arestesse sus mi lunéto ;
Voudriei faïre milo poutoun
Sus la charmantouno bouquéto ;
Voudriei respira toun halén,
Te péçuga miel qu'uno gnieiro ;
Voudriei oussi sus toun blan sén
Me repaousa maï d'un moumén....
Ah ! respon-mé, bello mougnieiro !

Ah ! respon-mé, per moun bonhur ;
A yiou, donno tis amouréto ;
De tus, oh ! faï-mé poussessur ;
A yiou, donno toun cur d'angéto.
Per tus aï d'or, amaï d'argen,
Souto un bar de ma chamignieiro ;
Et pieï, pu tar, sé la mor ven,
Héritaras de tou moun ben....
Ah ! respon-mé, bello mougnieiro !

Et ben, respoundraï que déourias
Cerqua pu leou un hermitage ;
Qu'avan de n'én faïre aquel pas,
Duvias counsulta voste image.
Vous ourié di, vilain fripel,
Qu'avès maï bésoun de tisano ;
Vous ourié di que ses tro viel
Per vous fréta contra ma pel....
Ah ! laissas-mé din ma cabano !

Foou ben qu'agués perdu l'esprit
Per coumettre aquello imprudenço ;
Ya septante an que ses escrit
Sus lou régistre di nissenço.

Vous trouvariei pu sé, gachas,
Qu'un viel pagné de damajano ;
Et piei, jour et gnieu toussirias,
Me negariei din lis crachas...
Ah ! laissas-mé din ma cabano !

Sès courcoussouna, ya de tem,
Ben maï qu'uno vieyo crédanço ;
Me maride pa per l'argen :
Vive encaro din l'aboundanço !
Piei, per fini, laï roussignoou !
Vole quaouqu'un d'en paou pu crano :
A moun cousta, din mi lensoou,
Vole quicon d'empaou pu noou...
Sourtès, sourtès, de ma cabano !

Lou paoure viel, tout counfoundu,
Parlé papus de mariage,
Végué qu'èro un calos tro du
Per uno fiyo d'aquel âge.
Trés jour après, de gran matin,
Din lis er dindé la campano :
Dou viel anounçavo la fin,
S'éro amoussa din lou chagrin...
Ninoun dansé din sa cabano.

Aquo prouvo que quan sen viel
Voulen mén qu'un barbocho en vido ;
Qu'ourian pu lèou gagna lou ciel
Que de gagna fiyo poulido.
Bélèou dirés qu'embé d'escu
I bello drolo poudrian plaïre.
Voui, mais poudrian (digués pa chu !)
Pourta d'aquo lon et pounchu...
Et créba coum'un viel doumtaïre.

L'ESPRIT MALIN

Cansoun

Er : les Filles de marbre.

———

Escoutas ben, doumisèlo
De touto counditioun,
Jouino ou vieyo, laïdo ou bèlo,
Sès aïmado dou démoun.
Sus lou camin de la vido
Espandis soun gran fialas ;
Jour et gnieu sa voix vous crido
De prendre sa man per guido,

Et souven la pus hardido
Yé tombo per un faou pas.

 L'esprit malin
N'a que d'escur camin.

Ras de vaoutri, toujour véyo,
Vous faï milo conte blu ;
Perfés vous traï din l'ouréyo
Lou soun d'un parel d'escu.
Coumo uno ser se rébalo
Après vosti coutiyoun :
Ennemi de la mouralo,
Viou dou crime, dou scandalo,
Et de sa bouquo infernalo
Boumis qu'un mourtel pouisoun.

 L'esprit malin
N'a que d'escur camin.

Malhur doun à l'imprudento
Que l'escouto san trembla !
Et qu'à sa voix impudento
S'escarto dou camin cla.
Per din l'ournieiro founzudo

D'un camin négre et fangous
Couri, faïre la testudo,
Veïre sa vertu vendudo;
Pici, coum'uno anjo perdudo,
En plouran, crida sécous.

  L'esprit malin
N'a que d'escur camin.

San cesso, prénès yé gardo !
A Diou dounas vosto fé;
Car l'ieul dou diable régardo
Ounté paousas vosti pé.
Mesprisas l'afrous lengage;
Parlas paou, per dire ben.
Que souto voste coursage
Batte toujour un cur sage;
Acourdas ou badinage
Q'un pichò rire inoucen.

  Laïssas enfin
Dou diable li camin.

LISÉTO

Cansoun

Er : le Naturaliste

Fièro Liséto,
Bèlo griséto,
I pé mignoun, is ieul d'azur ;
Sus ta couchéto,
Quan siès souléto,
Per yiou laïsso batre toun our.

Yeun de tus languisse, ma chèro :
Restés pa sourdo à ma prièro ;
Siegués sensiblo à moun sermoun,
Apèlo-mé toun cupidoun.

 Es ben ta faouto,
  Sé moun cur saouto
Coum'uno paoumo en caouchou.
  Se soui, ma mio,
  Sus la grazio,
N'en siès la caouso, vaï, crei-zou !
Sé coum'un simple desraisoune,
Et sé ras de tus m'abouzoune,
Rélèvo-mé d'aquel malhur
En me dounan toun pichò cur.

  Ya trés sémano
  Que, din la plano,
La pleujo troumpé ti plési.
  Souto ma bicho,
  Coum'un canicho,
T'accoumpagnère jusqu'ici.
Erés en laye de ta toilèto,
Et yiou, jalous de ma counquêto ;

Mais désempiei vive papus :
La gnieu pantaïse ren que tus.

Que la bouquéto,
Ta voix d'angéto,
Yeui méte fin à moun tourmén.
Que ti manéto,
Fino et blanquéto,
M'esquichoun empaou sus toun sén.
Per satisfaïre emb'un caprice,
Et per adouci moun supplice,
Oh! dono-mé, coumo trésor,
De ti lon péou roux coumo l'or.

Siègués, ma bèlo,
Pa tan rébèlo :
Alongo-mé 'mpaou toun mentoun.
Sus ti gaoutéto,
Fresquo et rougéto,
Laïsso-mé prendre dous poutoun.
A ti ginoul foou pénitenço :
Agues piata de mi souffrenço ;
Soulajo-mé, moun bel amour !
Aimo-mé, sé vos, ren qu'un jour !

3.

Fièro bloundino,
Vires l'esquino;
T'encince pamén de mot doux !
De toun silenço,
Aï la crésenço
D'agudre un rivaou pus hérous.
Sus ton réfus qué me désolo,
Séras toujour ma soulo idolo.
Countento-mé d'un doux régar :
Soui, crése pa, tro galavar.

Sies uno avaro,
Uno barbaro;
Lou fiò d'enfer te punira.
L'ingratitudo
Te ren testudo,
Lou diou d'amour me venjara.
Mais t'aime tro, fiyo de glaço !
Per tus vole démanda grâço.
Viou hérouso din l'avéni :
Te perdoune se qu'aï soufri.

Din lou délire,
More martyre;

Sente ma vido s'énana.
  Adiou, Liséto ;
  Es tus, souléto,
Bouto, que m'as assassina.
S'un jour véniès, fiyo cruèlo,
Sus moun cros culi l'immourtèlo,
Liséto, plouro empaou per yiou,
Et per moun âmo prègo Diou.

LOU GALAVAR

ET GROS MANJAÏRE

Cansoun

Er : la Cervelle des femmes

—

Soui galavar et m'én foou gloiro !
Aïme li gros et bon moucel ;
Quan foou travaya ma machoiro,
Save me passa de coutel.
Car aï de den que soun terriblo

Savoun moustriga lou tayoun;
Et m'oun ventre, quan sa pel tiblo,
Sa faïre oussi la digestioun.

Aïme à faïre vira la brocho :
A taoulo soui pa dégousta ;
Téne pa mi man din mi pocho,
Manje en cachan di dous cousta.
I bésuqué foou pa la guèro ;
Se manjoun coumo de piou-piou.
Moun ventre, per la bonno chèro,
Crén pa l'hiver ni maï l'estiou.

Jamaï, per faïre pénitenço,
Sacrifie moun apéti ;
Cargue pu lèou ma councienço
D'un parel de poulé rousti.
Diou nous a pa di, per yé plaïre,
De rousiga 'n flô de pan du...
Soui galavar et gros manjaïre
Per lou fruit qu'a pa desfendu.

M'arribe pa de poulitiquo,
Ignore ce que dis de noou :

Si journal ourien ma pratiquo
S'avien per titre un flò de bioou.
Soun bon per fatiga la testo ;
En pès per séména l'emboul.
S'aï de tem et d'argen de resto,
L'emplégue à manja moun sadoul.

S'un jour la mor me cerquo brégo,
S'aqui¹ me plaço un cadéna ;
Se din soun blan lensoou me plégo,
A jun vole pa m'énana.
Vole, quan ouvrira ma porto,
Que me trove embé lou tayoun...
Piei, sus soun alo sé m'emporto,
Que siéche oumen d'endigestioun.

I gen que me fan la mouralo,
Yé responde, mais coumo foou,
Que sé souven soui de régalo,
Es de ma bourso, es de mi soou !
Sé soui galavar et vouraço,
Ou cris de la fam soui pa sourd :
San régré partage ma biasso.
Dise pa : péchaïre ! tout court.

1 La gorjo.

PASTRE, GARDO, BAYLE

Parodie de Page, Ecuyer, Capitaine

Déjà di viel clapas, li négro capitèlo
Réçavien d'un bèou jour lis éternel adiou.
Lis aze avien brama si roumanço tan bèlo,
Et r'intravoun ou jas, cavayé sus lou quiou.
De racho tro carga fasien pichoto paouso,
    Avien chacun lou faï per ban ;
Quincavoun pa lou mot quan siblé sus la laouso
    La caoussuro d'un viel séban.
Ero un bèou rabugas, un bayle sans éntrigo ;

Chacun yé démandé, per miel pourta lou pés,
Coumo lou pus ancien din la verdo garigo,
Un de si can jouyoux que fan aïma lou grés.
A soun flasquo d'abor simé quaouquo gourjado
　　　D'un viél mous di clapas,
Et piei, sans escupi, couméncé sa bramado
　　　En disen : Missieus, escoutas !

　　Ere pastre, aïma d'uno drôlo,
　　Quan ver lou bos foutié soun quan
　　Din de caminé de régolo,
　　Per trouva lou rodo charman
　　Ounté l'on veï, faouto de mousso,
　　I ribo d'un lon cadaraou,
　　D'arounze quan l'amouro douço,
　　De boui, d'agrunas et d'avaou.
　　Ah ! qu'èro courto la journado !
　　Qu'ère héroux, brave rachalan !
　　Quan sus si gaouto coulourado,
　　　Frétave moun niffan !
　　Bèou pastre, aïma d'uno drôlo,
　　Landave coum'un viel gavel ;
　　N'avié pa lou cur d'uno miolo,
　　Gachas ! per ello ouriei douna ma pel.

Piei fuguère gardo fidèlo :
Quan din lou cham fasiei lou fur,
Filave coumo l'hiroundèlo
Se dévistav 'un maraoudur.
Jamaï yé virave l'esquino ;
San trembla, téniei din mi man
Ma justo et grèvo carabino
Qu'armave tout en caminan.
Ah ! qu'èro doux moun service ;
Coumo sourisiei de bon cur,
Quan fasiei sentre moun suplice.
I pu célèbre maraoudur !
Cen diou ! souven aï escampa ma biasso
 Per coure coum'un home fol ;
Tan ben n'aï fa marcha, san graço,
Emb'uno man ou quiou et l'aoutro ou col.

Aro soui bayle sans entrigo
A la testo de cin rasquas ;
Chaquo jour din nostro garigo
Foou per lou mén quinze répas.
Lou flasquo à remplaça la drôlo.
Si poutoun récaoufoun ma car.
En terro duro, en terro molo,

Yeui me foou planta lou béchar.
Mais soui for counten de la vido,
Di bayle soui lou pus héroux ;
De poou d'aganta la pépido,
Trempe la fièyo din lou mous.
Ché yiou, lou mous de la garigo
Remplaço la gloiro et l'amour.
Sus lou soou que moun pé poussigo,
Voudriei, ma foi, poudé vioure toujour.

UN RACHO A SI COUNFRÈRO

Cansoun

Er : Du bonnet de grenadier

Escoutas-mé, camarado :
Uno chourmo d'escrivan
S'amusoun qu'en couyounado,
San cesso nous contrafan.
An Mignarédo en mémoiro,
Di fablo n'en fan d'histoiro.
   Soun jamaï counten
   De ce que disen :

A pato, ou ben sus la bardo,
Quan passan tout nous régardo ;
Vésoun rén de pu c......
Qu'un racho d'escambarloun.

De yé pensa, cher counfrèro,
Aï la rajo ou foun dou cur ;
Soui rouge din ma coulèro
Maï que lou bouné d'un tur.
Oussi jure, sus ma biasso,
Que sé réfan si grimaço,
   Fé de rachalan,
   Seraï pa galan :
Se tournamaï nou critiquoun,
S'a nous embaougna s'appliquoun,
Faraï toumba sus si dé
Ma dayo ou moun grèou poudé.

Aquéli trasso de losso
Quan lou blaïme per blasoun,
Vivoun san travaya fosso :
Soun frés en touto saisoun,
An., per s'arroundi la panso,
Bon mous, pan tendre et pitanço.

San li rachalan
Crébarien de fam.
Sen, en boulégan la terro,
Médecin de la misèro ;
Car remplissen lou gragnié,
La cavo et lou missouyé.

Publioun pertout, déforo,
Ou triatre, en plen councer,
Que vivén embé li toro,
Li tavan et li luzer :
De dire, an la counscienço,
Que sen d'home san scienço.
 Ségu, sé vouyan,
 Yé respoundrian :
Pensas que l'agriculturo
Vous aribo de pasturo ;
Hounouras miel la suzou
Di brave travayadou !

Disoun qu'aïman nostis aze ;
Qu'aven pa poou, double-diou !
Que noste pés lis escrase
Quan y'escalan sus lou quiou ;

Qu'aven la coulou dou brounze ;
Que sen mén fin qu'un arounze...
   Bando de rasquas,
   De fénuantas,
Pléga din si réguingoto,
Farien mino de marmoto,
San lis aze et la suzou
Di brave travayadou !

Ah ! sen pa d'home de cano,
De rouzé ni de sambu ;
Aven lou dré d'estre crâno ;
Sen ben trempa, ben foundu.
Lou traval es noste posto,
Per tan que jimble li costo,
   D'un mari fricot
   Remplissen lou pot ;
Mourden sus biasso jalado,
Envalan fosso aréncado ;
Aven per nou descrassa
Uno sébo ou foun dou sa.

Sé nous boulégan la bilo,
Sé nous estrifan la pel,

Déourien, quan rintran en vilo
Nous foutre un cò de capel.
Logo d'engendra l'entrigo,
Déourien, d'uno voix amigo.
   Brama pa tro plan :
   Salut, rachalan !
Salut à l'agriculturo,
Qué nous donno de pasturo !
Salut, salut à la suzou
Di brave travayadou !

Per pris de nosti pénasso,
Récassan que lou mespris ;
San faïre la tirogasso,
De n'aoutri chacun se ris.
Li racho, an manqua l'escolo,
Bramoun li saouto régolo.
   Nous cargoun, li baou,
   De milo défaou.
L'on sa pa pus coumo faïre :
Gachas, me foutoun en caïré !
Nosti bras voloun li siou...
Que s'anoun ou tron-dé-diou !

LA CRINOLINO

SE QUE RESCON ET SE QUE LAÏSSO VEÏRE

Cansoun

Er : Ah! vénès veïre ma marmoto

Din lou siècle qu'aro viven,
Vésen naître de modo afrouso.
La fenno y'escampo l'argen
D'uno man qu'es pa paressouso.
Dempiei la damo ou fin capel
Jusqu'à la pu sanlo béïno,

Afin que l'aouro boufe miel
Dessus sa blanco et fino pel
S'embarroun din la crinolino.

Que de gros péca se rescon
Dedin aquello gabio humaino!
Que de fiyo qu'aoussoun lou fron,
Et quan brounca, caouso certaino!
Sans aquello houriblo enventioun,
Rélévarien pa tan la mino :
Fugirien miel l'escur cantoun,
Lou diou d'amour, lou rescoundoun,
S'avien paca de crinolino.

Aï vis li cambo de Catin,
Aquello longo et minço escalo ;
Si débas tomboun en camin :
A coumo dous manche de palo.
Aï, per uno aoutro oucasioun,
Vis li bèou ginoul de Justino ;
Pieï li gros boutel de Suzoun,
D'Agatho, amaï de Thérézoun,
Ou mouyen de la crinolino.

Gachas, n'aï li dous ieul malaou,
Quan vése d'aquelli bigoto
D'aquelli fiyéto d'oustaou,
Timido coumo de marmoto ;
Qu'aouzoun sus nosti boulévar,
Aquelli moure de mounino !
Coumo d'anchoyo de dous yar
Prouména soun moucel de car
Sout'uno vasto crinolino.

Li fiyéto, ou tem de ma gran,
Fasien pa tan si prounchinèlo !
Eroun, à l'âge de quinze an,
Tayado coumo de candèlo.
Es pa per vanta lou viel tem,
Car yeui sus el lou gous doumino ;
Mais trove qu'èro maï pruden, —
Fiyéto, coumprénès-ou ben,
Que de pourta la crinolino.

Fiyéto, coumprénès-ou ben,
Qu'aquo vous serve de mouralo.
Sóurtès vosti flan inoucen

D'aquello modo ouriginalo.
Tro souven souto aquel baloun
Qué vous ren la tayo tan fino,
Moustras... ah! diraï pa lou noum,
Mais passas-vous un pantaloun
Se voulès pourta crinolino.

LOU PICHO SAVOUYAR

Roumanço

Er : Un soldat que le froid glace

Paoure enfan ! yeun de ma mèro,
De vilo en vilo m'én voou,
Per adouci sa misèro,
Gagna quaouque pichô soou.
San souyé, quasi san culoto,
Afrounte l'hivèr rigouroux.
N'aï per trésor que ma marmoto,
Ma vièyo et moun can piatadoux.

Din qu'un péïs de mountagno,
Acatado per la nèou,
Laï laïssado san coumpagno ;
Coumo yiou, à fam bélèou.
Quan soui parti de moun vilage,
Ma douna lou poutoun d'adiou,
En me disen : « Sièchés ben sage,
Révène ou puléou ras de yiou. »

Héroux qué bryas sus terro
San souci dou lendéman,
Rigués pas à ma prièro,
Métès quicon din ma man.
Vaoutri que ma voix impourtuno
Qu'avès bonno taoùlo et bon fiò,
Insultés pa moun infourtuno,
Mais dounas ou paoure pichò.

Oh ! de graço, bonnis âmo,
Trasès quicon en passan.
Anén, bèou moussu, bèlo damo,
Plagnissès lou paoure enfan.
Per vaoutri faraï de prièro,
Lou ciel un jour vous ou rendra.
Dounas, dounas, es per ma mèro,
Et lou bon Diou vous bénira.

Din lou cros de sa manéto
Laissas toumba quaouque yar
Groussissès doun la bourséto
Dou pichoté savouyar.
Es per sa mèro qué réclamo,
Per sa mèro ven jusqu'ici.
Métès-yé la joyo din l'âmo
Et soun cur vous dira merci.

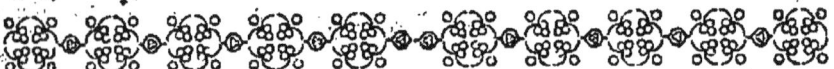

LI RÉGRÉ

DE JANÉTOUN

Roumanço

Er : Qu'on est méchant au village.

———

Laïsso-mé doun, chèro Babèou,
Régréta l'ami qu'espérave ;
Per yiou li jour soun pa pus bèou,
Veiraï papus aquel qu'aïmave.
Amar destin, sort tro cruel,
La vido pò papus me plaïre.
Ah ! qué lis home soun bourèl,
An tua moun bonhur, péchaïre !

Ounté soun passa li bèou jour
Qué charmavoun tan moun jouine âge ;
Sé soun envoula per toujour,
En me laissan de plour per gage.
Ah ! qu'ère fièro quan poudiei
Emb'el dou pra choupi l'herbéto.
Qu'ère hérouso quan l'entendiei
Me dire : T'aïme, moun angéto !

Quan fasiei semblan de fougna
Cerquavo à roumpre moun silenço ;
Démandavo, d'un er lagna,
S'avié coumés uno emprudenço.
Soun doux régar., soun régar pur,
D'un sage amour toujour bryavo ;
Quan m'esquichavo sus soun cur
Sa man din la miouno tremblavo !

Ah ! quan lou tambour batégué
Din li carrieiro dou vilage,
Moun cur sensible frémigué...
Ras d'el toumbère san courage.
L'entendieï dire : « Janétoun,
Plourés pa, révéndraï san faouto. »
Sentiei lou fiò di gros poutoun
Qué fasié péta sus mi gaouto.

La chrouniquo dis qu'és toumba
Ou mitan d'un cham de batayo,
Après agudre déraba
Un drapèou souto la mitrayo.
Perqué pa y'enléva di man
Aquello estofo tan chérido?
Ah! qué lis home soun michan...
An préféra prendre sa vido.

Sus lis un l'amour traï de flou,
Lis acato de si dos alo;
Sus lis aoutri traï la doulou.
Dou bonhur y'énlèvo l'escalo.
Sé ma douna quaouque bèou jour,
Din lou court printem de ma vido,
Aro me laïsso que de plour;
Tombe coumo uno flou passido.

La terro rousigo sis os;
Lou réveiraï papus, péchaïre!
Voudriei préga Diou sus soun cros;
Ras d'el per toujour voudriei jaïre.
Jour et gnieu vioura din moun cur:
Pourtaraï, car soui sa fidèlo,
A moun col un riban escur,
Sus moun sén un grél d'immourtèlo.

TABLE

	PAGES
Kiès l'esclave	7
Mon drapeau	9
Le Parricide	11
La Mort du méchant	13
Le Char funèbre	15
L'Eau	17
Moun aze gris	21
Lou Mazé	27
Counfessioun d'un suço-raquo	31
Ninoun	35
L'Esprit malin	39
Liséto	43
Lou Galavar et gros manjaïre	49
Pastre, gardo, bayle	53
Un Racho à si counfrèro	57
La Crinolino	63
Lou pichò Savouyar	67
Li régré de Janétoun	71

Nimes, typ. ROGER et LAPORTE.